AF326319

RECUEIL

DE PIECES

CONCERNANT

LA FERMETURE

DU QUAY DE GESVRES

PENDANT LA NUIT.

A PARIS,

Chez la Veuve SAUGRAIN & PIERRE PRAULT , Imprimeur des Fermes du Roy, Quay de Gêvres au Paradis.

M. DCCXXVIII.

23478

RECÜEIL
DE
PIECES
CONCERNANT LA FERMETURE
du Quay de Gesvres pendant la nuit.

ARREST DU CONSEIL,

QUI ordonne que le Passage du Quay de Gesvres sera
fermé pendant la nuit, & qu'il y sera établi
un Portier.

Du huitiéme Mars 1727.

E ROY étant informé que le Passage du Quay
de Gesvres par sa situation & par ses differentes
sorties, est un endroit des plus dangereux pendant
la nuit ; Qu'il s'y est fait depuis un temps consi-
derable une infinité de Vols, peut-être même des
Meurtres de personnes qu'on a jetté dans la Ri-
viere, sans qu'on ait pû par la disposition dudit Quay, en ar-

A

rêter ni découvrir les Auteurs : Et Sa Majesté voulant pourvoir à un pareil desordre & procurer la sûreté des Habitans de sa bonne Ville de Paris : Veu l'avis du Sieur Herault, Maître des Requestes & Lieutenant General de Police de ladite Ville : Ouy le Rapport du Sieur le Peletier, Conseiller d'Estat ordinaire & au Conseil Royal, Controlleur General des Finances : SA MAJESTE' ESTANT EN SON CONSEIL, a Ordonné & Ordonne qu'il sera mis incessamment des Portes pour la fermeture dudit Quay pendant la nuit, de la maniere & aux endroits qui seront jugés necessaires par le Sieur Herault, Lieutenant General de Police à Paris; Veut Sa Majesté qu'il soit ensuite par lui établi un Portier pour ouvrir & fermer lesdites Portes aux heures convenables ; Le tout aux frais & dépens des Proprietaires & principaux Locataires des Maisons dudit Quay, à l'effet de quoi il sera fait un Rolle de répartition par le Commissaire du Quartier, qui sera autorisé dudit Sieur Herault, auquel Sa Majesté enjoint de tenir la main à l'execution du present Arrest, qui sera executé nonobstant opposition ou appellation quelconques, dont, si aucunes interviennent, Sa Majesté s'en est reservé à Soy & à son Conseil la connoissance, & a icelle interdite à toutes ses Cours & autres Juges. FAIT au Conseil d'Estat du Roy, Sa Majesté y étant, tenu à Versailles le huitiéme jour de Mars mil sept cens vingt-sept. *Signé*, PHELYPEAUX.

PROCÈS VERBAL

AU SUJET DE LA FERMETURE DU QUAY de Gesvres, portant NOMINATION d'un Portier, pour ouvrir & fermer les Portes dudit Quay ; Conventions de ses Appointemens, & regle la forme pour L'ELECTION d'un Syndic.

Du 26 *May* 1727.

L'AN mil sept cens vingt-sept, le Lundi vingt-six Mai huit heures du matin, au desir de l'Ordonnance de Monsieur le Lieutenant General de Police, Commissaire du Roy en cette Partie, en datte du dix du present mois, dont la teneur suit.

R ENE' HERAULT, Chevalier, Seigneur de Fontaine-Labbé, Conseiller du Roy en ses Conseils d'Estat & Privé, Conseiller d'Honneur en son Grand Conseil, Maître des Requestes ordinaire de son Hôtel, Lieutenant General de Police de la Ville, Prevôté & Vicomté de Paris, Commissaire du Roy en cette Partie par Arrest du huit Mars dernier ; NOUS ORDONNONS au Commissaire Hubert, Ancien du Quartier Saint Jacques de la Boucherie, de convoquer incessamment une Assemblée de tous les principaux Locataires des Maisons du Quay de Gesvres, comprises & qui ont leur entrée en dedans de la Fermeture ordonnée par ledit Arrest, à l'effet par eux de convenir d'un Portier, de ses Appointemens, & de la Porte où il sera placé, qui sera la seule qui s'ouvrira la nuit, & de l'heure pour la fermeture & ouverture desdites Portes dudit Quay, dont il dressera Procès verbal, pour sur icelui être par Nous ordonné ce qu'il appartiendra. FAIT en notre Hôtel le dix Mai mil sept cens vingt-sept.

Signé, HERAULT.

I. SONT comparus pardevant Nous Jean Hubert, Conseiller du Roy, Commissaire Enquêteur, Examinateur au Châtelet de Paris, Ancien Préposé pour la Police au Quartier Saint Jacques de la Boucherie, en notre Hôtel, Germain Dezeustre, & Antoine Picard, Marchands Merciers, au Chef S. Jean, sous l'Arcade, du côté du Pont au Change.

II. Damoiselle Marie-Anne De la Mare, Marchande Lingere, à l'entrée de la traverse, du côté du Pont au Change, à l'Enseigne du Paradis.

III. Damoiselle Marie-Elizabeth Hannier, Veuve Senechal, Marchande Merciere, dans ladite traverse, à l'Enseigne du Joli Bouquet.

IV. Marcoul Langlois, Marchand Orfévre, dans ladite traverse, à l'Enseigne du Saint Esprit.

V. Estienne Yard, Maître Brossier, dans ladite traverse.

VI. Joseph Agard, Marchand Orfévre, dans ladite traverse, à l'Enseigne de l'Ange Gardien.

VII. Pierre Prault, Libraire, Quay de Gesvres, à l'Enseigne du Paradis.

VIII. Melon Devaux, Marchand Mercier, susdit Quay, à l'Enseigne du Croissant.

A ij

IX. Claude Reverend, Marchand Mercier, fufdit Quay, à l'Enfeigne de l'Empereur Romain.

X. Claude-Ignace Dufour, Maître Peintre, fufdit Quay, à l'Enfeigne de la Croix d'or.

XI. Charles Defafond, Marchand Mercier, fufdit Quay, à l'Enfeigne de la Perle.

XII. Magdeleine Naguet, Veuve le Fort, Marchande Merciere, fufdit Quay, à l'Enfeigne de la Coquille d'or.

XIII. Pierre De Bar, Marchand Mercier, fufdit Quay, à l'Enfeigne de l'Ange Gardien.

XIV. Jacques le Fort de la Moriniere, Marchand Mercier, fufdit Quay, à l'Enfeigne de la Clef d'or.

XV. Pierre Bouteville, Marchand Mercier, fufdit Quay, à l'Enfeigne de la Gerbe.

XVI. Eftienne Goulet, Maître Peintre, fufdit Quay, à l'Enfeigne de la Caille.

XVII. Philippe Vereulx, Marchand Mercier, fufdit Quay, à l'Enfeigne des Trois Poiffons.

XVIII. Eftienne Laurent Menedrieux, Marchand Mercier, fufdit Quay, à l'Enfeigne des Trois Loüis.

XIX. Damoifelle Jeanne Thoury, Veuve Saugrain, Libraire, fufdit Quay, à l'enfeigne de la Croix Blanche.

XX. Pierre Delaunay, Maître Peintre, Proprietaire occupant, fufdit Quay, à l'Enfeigne de l'Etoile.

XXI. Gifles Picard, Marchand Mercier, fufdit Quay, à l'Enfeigne des Quatre Vents.

XXII. André Tremblin, Peintre, fufdit Quay, à l'Enfeigne du Coq.

XXIII. Damoifelle Jeanne Loy, Veuve le Febvre, Marchande Merciere, fufdit Quay, à l'Enfeigne de la Providence.

XXIV. Pierre Debur, Marchand Mercier, fufdit Quay, à l'Enfeigne de l'Image Notre-Dame.

XXV. Marin Depille, Marchand Mercier, fufdit Quay, à l'Enfeigne du Bon Pafteur.

XXVI. Et Jean Loüis Jacquemarc, auffi Marchand Mercier, demeurant fufdit Quay, à l'Enfeigne de la Tabatiere.

TOUS Proprietaires occupans en perfonnes, & Principaux Locataires des Maifons fifes Quay de Gefvres, comprifes & ayant leurs principales Entrées dans la Fermeture dudit Quay ordonnée par ledit Arreſt, aſſignés de notre Ordonnance par Exploit de Jacques Girard, Huiſſier à Cheval, du 24. du preſent mois, à l'effet de proceder à la Nomination d'un Portier, pour ouvrir & fermer les Portes qui feront inceſſamment poſées audit Quay, convenir de celle où il fera placé, qui fera la feule qui s'ouvrira pendant la nuit, des heures qu'elles feront ouvertes & fermées, enſemble des Appointemens dudit Portier: Leſquels nous ont dit, qu'ils font prêts d'obéïr à ladite Ordonnance; mais qu'étans partagés fur le choix du Portier, & au fujet de la Porte où il fera placé, ils requierent que cette Nomination & convention foit faite à la pluralité des voix, qu'il foit pourvû à ce que le Portier foit exactement payé de fes Appointemens par une feule perfonne qui en fera chargé, afin de lui en éviter la perception en détail; comme auſſi pareillement pourvû à la fûreté des Clefs des Portes dudit Quay, pour quoi ils requierent, fous le bon plaiſir de Monſieur le Lieutenant General de Police, qu'il foit inceſſamment élû entr'eux pardevant Nous, un Syndic qui recevra des mains defdits Proprietaires occupans & principaux Locataires, & par avance fix mois de leur part, tant defdits Appointemens du Portier qu'autres frais neceſſaires & indifpenfables pour l'entretien defdites Portes, dont il tiendra un Etat de Recette & Dépenfe; lequel Syndic fera un an & pendant fon année chargé de la commiſſion d'allumer les Chandelles dans les Lanternes publiques dudit Quay, laquelle Commiſſion il pourra faire exercer par le Portier; & que pour éviter tout efprit de caballe, aſſez ordinaire dans de femblables Elections, ce qui donne lieu à des reſſentimens & inimitiés; que pour parvenir à l'Election dudit Syndic, il foit fur autant de petits quárrés de papier qu'il y a de Proprietaires occupans & principaux Locataires, écrit le nom de chacun, & enfuite tous lefdits quarrés de papier pliés & mis dans un Chapeau, & après avoir été par Nous remués & broüillés, en être tiré un au hazard, & être celui dont le nom fe trouvera écrit fur ledit quarré élû Syndic, & que tous les ans, le jour de l'Election des Commis aux Lanternes, il foit par Nous procedé de la même maniere à celle d'un nouveau Syndic, lors de laquelle Election les noms de ceux qui auront été Syndics ne pourront être mis dans ledit Chapeau, jufqu'à ce que tous les autres ayent paſſé par le Syndicat; après laquelle Election, & à l'inftant d'icelle le Syndic fortant, fera tenu de reprefenter l'Etat de ce qu'il aura reçû, & les Quittances de ce qu'il aura payé, tant au Por-

tier pour ſes Appointememens, que pour l'entretien deſdites Portes ; & au cas qu'il lui reſte quelques deniers entre les mains, il
les remettra au nouveau Syndic dont ſera fait mention par le
Procès verbal de ladite Election qui operera ſa décharge ; que
le Syndic payera tous les mois ledit Portier, & pendant ſon année
ce qu'il conviendra pour l'entretien deſdites Portes, dont il retirera Quittance ; que pendant l'année de ſon Syndicat il ſera ſeul
Gardien & Dépoſitaire des Clefs des quatre Portes dudit Quay,
que le Portier ira prendre chez lui tous les ſoirs, & lui reportera tous les matins ; & pour aſſûrer le payement tant audit Portier de ſes Appointemens, que de ce qui conviendra pour l'entretien des Portes dudit Quay, requierent qu'il plaiſe à Monſieur
le Lieutenant General de Police d'ordonner que chacun des Proprietaires occupans & principaux Locataires des Maiſons dudit
Quay, ſoit tenu de payer ſa cotte part, à ce faire contraint, en
ſorte que le Syndic élû ne ſoit point obligé à des pourſuites ni
procedures pour en operer le payement, & qu'au cas qu'aucun
des principaux Locataires vînt à déloger, que celui qui entrera
dans la Maiſon en ſon lieu & place, ou faute de location, le Proprietaire de ladite Maiſon ſera chargé, tenu & contraint au payement de ſadite part deſdits Appointemens & entretien, en vertu
de l'Ordonnance de Monſieur le Lieutenant General de Police,
Commiſſaire du Roy en cette partie, ſans qu'il ſoit beſoin d'autre Jugement, dont ils nous ont requis acte, & ont ſigné en notre Minute.

SUR quoi, Nous Commiſſaire ſuſdit, avons aux ſuſnommés
donné acte de leurs comparutions, dire, requiſitions & défauts
contre les Sieurs Reinders, Liegeois, Bulté, Hirouz, & la Dame
Veuve Legrais non comparus, & en conſequence ne s'agiſſant,
quant à preſent, que de la Nomination d'un Portier, de regler
ſes Appointemens, de convenir de la Porte où il ſera placé, qui
ſera la ſeule qui s'ouvrira pendant la nuit, & des heures qu'elles
ſeront ouvertes & fermées, ſauf à Monſieur le Lieutenant General de Police à ordonner ſur le ſurplus des Requiſitions ; Nous
avons à cet effet recüeilli les voix, & Claude Mauregard & Jean
Poulin ayans été propoſés pour Portiers, aux Appointemens de
Deux cens livres par chacun an, ledit Mauregard a eu vingt
voix contre ledit Poulin ſix, en ſorte que ledit Claude Mauregard, comme ayant le plus de voix, a été nommé Portier, aux Ap-

pointemens de Deux cens livres par chacun an ; comme aussi a
été arrêté à la pluralité des voix, y en ayant vingt contre six ;
que la Porte où il sera placé, qui sera la seule qui s'ouvrira pendant la nuit, sera celle donnant sur le Pont au Change, & qu'il
sera fait au pardessus des Appointemens dudit Portier un fond
de trente-une livres pour être employés à l'entretien des Portes
dudit Quay, faisant avec ladite somme de deux cens livres pour
les Appointemens dudit Portier celle de deux cens trente-une
livres, qui est pour chacun des Proprietaires occupans & principaux Locataires, dont les Maisons seront comprises dans les
fermetures, au nombre de trente-un, sept livres neuf sols par chacun an, qu'ils se soumettent de payer à toûjours, & par avance
six mois, & ainsi continuer de six mois en six mois, entre les mains
du Syndic qui sera élû, dont il rendra compte lors de l'Election
d'un nouveau Syndic, qu'ils requierent comme ils ont ci-devant
fait, sous le bon plaisir de Monsieur le Lieutenant General de Police, être élû en la maniere des autres parts expliquée, & ce pour
assûrer au Portier le payement exact de ses Appointemens, & lui en
éviter la perception en détail, ainsi que ce qu'il conviendra pour
l'entretien desdites Portes, aux clauses & conditions ci devant
énoncées : Et à l'égard des heures pour l'ouverture & fermeture
des Portes dudit Quay, s'en rapportent à ce qu'il plaira à Monsieur le Lieutenant General de Police d'ordonner, dont ils nous
ont requis acte à eux octroyé, & ont signé en notre Minute.

Signé, HUBERT, avec paraphe.

ORDONNANCE

RENDUE PAR M. HERAULT,
Lieutenant General de Police, comme Commissaire
du Conseil en cette partie :

QUI regle ce qui doit être observé par les Bourgeois & Habitans du
Quay de Gesvres, à l'occasion de la fermeture dudit Quay.

Du 28. Mai 1727.

RENE' HERAULT, Chevalier Seigneur de Fontaine-
Labbé, Conseiller du Roy en ses Conseils d'Estat & Pri-

vé, Conseiller d'Honneur en son Grand Conseil, Maître des Requestes ordinaire de son Hôtel, Lieutenant General de Police de la Ville, Prevôté & Vicomté de Paris, Commissaire du Roy en cette partie par Arrest du 8. Mars dernier ; VEU le Procès verbal fait par le Commissaire Hubert, en vertu de notre Ordonnance du 10. du present mois, Nous, en vertu du pouvoir à nous donné par Sa Majesté par ledit Arrest, Ordonnons que Claude Mauregard sera & demeurera Portier, pour ouvrir & fermer les Portes du Quay de Gesvres, aux Appointemens de deux cens livres par chacun an, qui commenceront à courir du jour que les Portes dudit Quay seront posées, dont sera dressé Procès verbal par ledit Commissaire ; Et sera ledit Portier à la Porte qui donne sur le Pont au Change, qui sera la seule qui s'ouvrira pendant la nuit.

QUE pour assûrer audit Portier, de la part des Proprietaires occupans & Locataires dénommés audit Procès verbal, le payement exact de ses Appointemens, ensemble de ce qu'il conviendra pour l'entretien des Portes, il sera incessamment procedé à l'élection d'un Syndic entre tous lesdits Proprietaires occupans, & principaux Locataires, pardevant ledit Commissaire Hubert, en la forme portée par ledit Procès verbal, auquel Syndic chacun des y dénommés, tant present que non comparu lors d'icelui, sera tenu de payer & par avance, six mois de sa part des Appointemens du Portier & entretien desdites Portes, & ainsi continuer de six mois en six mois : à ce faire contraint en vertu de notre presente Ordonnance, & sans qu'il en soit besoin d'autre.

QUE le Syndic élû sera tenu d'accepter ladite Charge, sinon il demeurera en son propre & privé nom garant & responsable, tant des Appointemens du Portier, que de la dépense necessaire pour l'entretien des Portes dudit Quay, qu'il sera tenu de payer ; à ce faire contraint comme dessus.

QUE tous les ans, à compter du jour que les Portes seront posées audit Quay, il sera procedé à l'élection d'un nouveau Syndic ; lors de laquelle ceux qui l'auront été ne pourront être élûs que tous les autres n'ayent passé par le Syndicat, à l'instant de laquelle élection, le Syndic sortant representera l'état de ce qu'il aura reçû, & les Quittances de ce qu'il aura payé, tant au Portier pour ses Appointemens, que pour l'entretien desdites Portes ; Et au cas qu'il lui reste quelques deniers entre les mains, il les remettra au nouveau Syndic, dont sera fait mention par le

Procés

Procès verbal de ladite élection, qui operera sa décharge.

Que le Syndic sera un an, & pendant son Syndicat chargé de la commission d'allumer les Chandelles dans les Lanternes publiques dudit Quay, laquelle commission il pourra faire exercer par le Portier.

Que les Portes dudit Quai jusqu'au premier Octobre prochain seront ouvertes à cinq heures du matin, & fermées à dix heures du soir, à l'exception des Dimanches & Fêtes qu'elles seront seulement ouvertes à six heures du matin, & fermées à neuf heures du soir : Ce qui sera exécuté tous les ans, à commencer du premier Avril jusqu'au premier Octobre, & depuis le premier Octobre jusqu'au premier Avril, ouvertes à six heures du matin, & fermées à neuf heures du soir, à l'exception des Dimanches & Fêtes qu'elles seront seulement ouvertes à sept heures du matin, & fermées à sept heures du soir ; à peine contre le Syndic de dix livres d'amende, & contre le Portier d'être destitué de son Poste.

Que les Clefs des quatre Portes seront differentes, en sorte que celle de l'une ne puisse point en ouvrir une autre, & resteront en la possession du Syndic, qui en sera chargé pendant l'année de son Syndicat, chez lequel le Portier ira les prendre tous les soirs, lui remettra après la fermeture des Portes, celles des trois qui ne pourront être ouvertes pendant la nuit, & ne gardera que celle de la Porte du côté du Pont au Change ; Et tous les matins ira reprendre les Clefs chez le Syndic pour ouvrir toutes les Portes, & les lui reportera à l'instant.

Que pareilles Clefs seront mises entre les mains du Commissaire du Quartier, pour qu'il puisse librement entrer dans ledit Quay à toute heure en cas d'incendie & autres cas pressans, & aussi pour y avoir recours par le Syndic, supposé que quelqu'une de celles à lui remise vînt à se casser ou forcer, qu'il sera tenu de representer audit Commissaire, sans la participation duquel il ne pourra en faire faire d'autres, à peine de deux cens livres d'amende tant contre lui, que contre le Serrurier qui les auroit faites.

Que le Syndic ni aucun des Habitans dudit Quai ne pourront faire faire de doubles Clefs desdites Portes, pas même de Passe-par-touts, sous pareilles peines.

Enjoignons au Portier dudit Quai, à peine de Prison, d'avertir à l'instant, dans le cas d'incendie, le Commissaire du

B

Quartier, afin qu'il puisse y être apporté un prompt secours.

QUE le Syndic payera tous les mois le Portier, dont il retirera Quittance, & pendant son année, ce qu'il conviendra pour l'entretien des Portes, ausquelles néanmoins il ne pourra rien faire faire, qu'après en avoir informé le Commissaire du Quartier & de son avis, à peine d'en supporter la dépense, supposé que ce qui auroit été fait ne fût pas bien conditionné.

ET où il arriveroit que quelqu'un des dénommés au Procès verbal dudit Commissaire Hubert vînt à déloger, Ordonnons que celui qui entrera dans la maison en son lieu & place, ou faute de location de ladite maison, le Proprietaire d'icelle sera tenu, chargé & contraint au payement de sa part des Appointemens du Portier & entretien des Portes, ainsi & de la même maniere que celui qui auroit délogé auroit pû l'être.

ET sera notre presente Ordonnance executée nonobstant toutes oppositions faites ou à faire, pour lesquelles ne sera differé. FAIT en notre Hôtel le vingt-huitiéme jour de Mai mil sept cens vingt-sept.

Signé, HERAULT.

Par Monseigneur,
CHABAN.

ET le trente dudit mois de Mai, deux heures de relévée, est comparu pardevant Nous Commissaire susdit en notre Hôtel Claude Meauregard, Bourgeois de Paris, demeurant ruë Bourtibourg Paroisse S. Paul ; Lequel Nous a dit, qu'il accepte le Poste de Portier du Quai de Gesvres, auquel il a été nommé par les Proprietaires occupans & principaux Locataires dudit Quai, & confirmé par l'Ordonnance de Monsieur Herault, Lieutenant General de Police, Commissaire du Conseil en cette partie, du vingt-huit du present mois aux gages de deux cens livres y attachés, a promis de remplir ledit Poste avec exactitude & de se conformer à ladite Ordonnance, copie imprimée de laquelle nous lui avons délivré, & à la charge que les gages attachés audit Poste ne commenceront à courir que du jour que les Portes dudit Quai seront posées ; & a signé en notre Minute.

Signé, HUBERT, avec paraphe.

Du Samedi sept Juin mil sept cens vingt-sept, huit heures du matin.

ELECTION faite par Nous Jean Hubert, Conseiller du Roy, Commissaire Enquêteur, Examinateur au Châtelet de Paris, Ancien Préposé pour la Police au Quartier S. Jacques de la Boucherie, en vertu de l'Ordonnance de Monsieur Herault, Lieutenant General de Police, Commissaire du Conseil en cette partie, du vingt-huit Mai dernier, d'un Syndic entre les Proprietaires, occupans, & principaux Locataires du Quai de Gesvres, pour en commencer l'exercice du jour que les Portes pour la fermeture dudit Quai seront posées.

Proprietaires & principaux Locataires presens à l'Election.

1. { Germain Dezeustre.
{ Antoine Picard.
2. Estienne Laurent Menedrieux.
3. Pierre Prault.
4. Marcoul Langlois.
5. Estienne Yard.
6. Joseph Agard.
7. Melon Devaux.
8. Claude-Ignace Dufour.
9. Charles Delafond.
10. Pierre de Bar.
11. Jacques le Fort de la Moriniere.
12. Pierre Bouteville.
13. Estienne Goulet.
14. Philippe Vereulx.
15. Pierre Delaunay.
16. Veuve Saugrain.
17. Gilles Picard.
18. André Tremblain.
19. Pierre Debur.
20. Marin De Pille.
21. Jean-Loüis Jacquemarc.
22. Veuve Senechal.
23. Marie-Anne De la Marre.
24. Jean-Baptiste Reinders.

LES Proprietaires occupans & principaux Locataires des Maisons du Quai de Gesvres comprises dans la fermeture d'icelui, dénommés au Procès verbal par Nous fait le vingt-six Mai dernier, convoqués & assemblés pardevant Nous en notre Hôtel, en vertu de l'Ordonnance de Monsieur le Lieutenant General de Police, Commissaire du Conseil en cette Partie, du vingt-huit dudit mois de Mai pour l'Election d'un Syndic qui sera un an, à commencer du jour que les Portes dudit Quai seront posées, & pendant l'année de son Syndicat, chargé de la commission d'allumer les Chandelles dans les Lanternes publiques dudit Quai, laquelle commission il pourra faire exercer par le Portier ; comme aussi pendant ladite année sera chargé des Clefs

B ij

des Portes dudit Quai & de payer au Portier ses gages & ce qu'il conviendra pour l'entretien desdites Portes, à l'effet de quoi chacun des Proprietaires occupans & principaux Locataires, sera tenu de lui payer, & par avance six mois de sa cotte part, tant des gages dudit Portier, que de l'entretien desdites Portes, suivant l'évaluation portée en notredit Procès verbal du vingt-six Mai dernier, le tout suivant & conformément à l'Ordonnance de Monsieur Herault, Lieutenant General de Police, Commissaire du Conseil en cette partie, du vingt-huit Mai dernier, intervenuë sur icelui, de laquelle nous leur avons à chacun donné une copie imprimée, à ce qu'ils n'en prétendent cause d'ignorance, & ayent à s'y conformer : NOUS, conformément à leurs requisitions portées en notredit Procès verbal, & à ladite Ordonnance, AVONS en leur presence sur autant de petits carrés de papier d'égales grandeurs qu'il y a de Proprietaires occupans & Locataires dénommés en notredit Procès verbal, écrit le nom de chacun, & ensuite plié tous lesdits carrés uniformément, & iceux mis dans un chapeau ; & après les avoir bien remués & broüillés, en avons en leur presence tiré un sur lequel s'est trouvé écrit le nom du Sieur Philippe Vereulx Marchand Mercier à l'Enseigne des Trois Poissons, qui au moyen de ce a été élû Syndic, lequel present a accepté ladite Charge ; & ont signé en notre Minute. *Signé*, HUBERT, avec paraphe.

ET le premier Juillet audit an, huit heures du matin, sont comparus pardevant Nous Commissaire susdit en notre Hôtel les Proprietaires occupans & principaux Locataires du Quai de Gesvres compris dans la fermeture d'icelui ; Lesquels nous ont dit que sur la Remontrance à eux faite par le Sieur Pierre Bulté occupant l'Echope en entrant par le Pont Nôtre-Dame, qui est extraordinairement incommodé par un des battans de la Porte de fer, & qui cependant se trouve compris dans le nombre de ceux qui doivent payer le Portier & entretien desdites Portes, sur la priere à eux par lui faite de vouloir le décharger de ladite Imposition, ledit Sieur Bulté present, tous lesdits Proprietaires occupans & principaux Locataires, en consideration de l'incommodité que ressent ledit Bulté, ont sous le bon plaisir de Monsieur le Lieutenant General de Police, consenti que la maison qu'occupe ledit Bulté ne soit point comprise dans le Rolle de Repartition pour le payement du Portier & entretien desdites Portes ;

& qu'au lieu de trente-un qu'ils étoient, suivant qu'il résulte de notre Procès verbal du vingt-six Mai dernier, ils ne soient plus qu'au nombre de trente, ledit Bulté exempt, & que toutes les conditions y portées soient executées ; & ont signé en notre Minute. *Signé*, HUBERT, avec paraphe.

ET à l'inftant Nous Commiffaire fufdit, fommes tranfportés en l'Hôtel & pardevant Monfieur le Lieutenant General de Police, Commiffaire du Roy en cette partie, où étant & après lui avoir referé du Dire & confentement ci-deffus, mondit Sieur le Lieutenant General de Police a ordonné que fon Ordonnance du vingt-huit Mai dernier fera executée felon fa forme & teneur, & cependant attendu le confentement des Proprietaires occupans & principaux Locataires des maifons du Quai de Gefvres, comprifes dans la fermeture d'icelui, que la maifon occupée par ledit Pierre Bulté fera & demeurera déchargée de la contribution pour les gages du Portier dudit Quai & entretien des Portes d'icelui. *Signé*, HERAULT.

HUBERT, avec paraphe.

ET ledit jour premier Juillet audit an mil fept cens vingt-fept, neuf heures du foir, Nous Commiffaire fufdit, en vertu de l'Ordonnance de Monfieur le Lieutenant General de Police, Commiffaire du Roy en cette partie, en datte du vingt-huit Mai dernier, fommes tranfportés au Quai de Gefvres, les quatre Portes pour la fermeture d'icelui étant pofées, dont trois en barreaux de fer, fçavoir, deux ruë de Gefvres fermans les deux traverfes dudit Quai, & la troifiéme à un des bouts d'icelui donnant fur le Pont Notre-Dame ; & la quatriéme, qui eft la feule qui s'ouvrira pendant la nuit, pofée à l'autre bout dudit Quai donnant fur le Pont au Change, de bois avec un Guichet : Et après les avoir examinées & trouvées en bon état & bien conditionnées, Nous avons remis au Sieur Philippe Vereulx Marchand Mercier, demeurant fufdit Quai, à l'Enfeigne des Trois Poiffons, Syndic élû en vertu de ladite Ordonnance, les Clefs defdites Portes, au nombre de cinq, fçavoir, quatre pour les quatre principales Serrures des quatre Portes dudit Quai & la cinquiéme, pour la fermeture d'un verroüil à la Porte par laquelle on entrera pendant la nuit, qui eft celle pofée au bout dudit Quai du côté du Pont au Change, à la charge par lui de fe comporter pen-

dant l'année de son Syndicat, suivant & conformément à ladite
Ordonnance, laquelle année commence à courir de ce jourd'hui,
Et avons aussi au desir de lad. Ordonnance, mis Claude Meauregard en possession du Poste de Portier pour l'ouverture & fermeture des Portes dudit Quai, aux Appointemens de deux cens livres
arrêtés par icelle, à la charge par lui de se comporter conformément à ladite Ordonnance, & de maniere qu'il ne revienne
aucune plainte contre lui sous les peines y portées, les Appointemens duquel commenceront aussi à courir de ce jourd'hui. Et
sont aussi restés en nos mains pareilles Clefs que celles délivrées
audit Sieur Vereulx, dont nous avons fait & dressé le present
Procès verbal, suivant & conformément à ladite Ordonnance,
& ont signé en notre Minute. *Signé*, HUBERT, avec paraphe.

ORDONNANCE

DE POLICE,

PORTANT Reglement sur ce qui doit être observé
lors de la fermeture du Quai de Gesvres ; Et qui dé-
fend à toutes sortes de personnes n'y ayant point leur
domicile, d'y rester après l'heure de ladite fermeture.

Du seiziéme Septembre mil sept cens vingt sept.

SUR ce qui Nous a été remontré par le Procureur du Roy,
Qu'il lui est revenu plusieurs Plaintes de ce que depuis la fermeture du Quai de Gesvres, & notre Ordonnance du 28. Mai
dernier, qui regle ce qui doit être observé par les Bourgeois à
l'occasion de ladite fermeture, & notamment les heures que les
Portes doivent être ouvertes & fermées ; des Particuliers mal
intentionnés s'y attroupent journellement après qu'il est fermé,
en supposant faussement au Portier, pour s'en procurer l'entrée,
qu'ils ont affaire à des Bourgeois & Habitans dudit Quai ; & dès
qu'ils y sont, ils insultent lesdits Bourgeois & Habitans, tien-
nent des discours indécens, chantent des Chansons dissoluës en
dansant, & y restent jusqu'à des heures induës : ce qui trouble
le repos & la tranquillité des Bourgeois & Habitans, & peut mê-

me donner lieu à des defordres confiderables. Pour quoi reque-
roit qu'il nous plût y pourvoir. Nous, faifant droit fur le requi-
fitoire du Procureur du Roy :

Ordonnons que notre Ordonnance du 28. Mai dernier fera
executée felon fa forme & teneur, & qu'à la diligence du Syndic dudit Quai, & aux frais & dépens des Bourgeois & Habitans d'icelui, il fera inceffamment fourni au Portier une Clo-
chette d'une groffeur fuffifante pour être entenduë dans toute
l'étenduë dudit Quai, laquelle il fera tenu de fonner aux heures par Nous ordonnées pour la fermeture dudit Quai, afin
d'avertir les perfonnes qui n'y ont point leurs demeures, de fe
retirer.

Faifons défenfes à toutes perfonnes de quelque condition qu'elles foient, n'ayant point leur domicile fur ledit Quai, d'y refter
après la fermeture d'icelui, de forcer ni faire violence au Portier
pour s'en procurer l'entrée, s'y introduire & attrouper ; d'inful-
ter ni troubler les Bourgeois & Habitans qui y demeurent, foit
par paroles indécentes, Chanfons diffoluës, Danfes ou autre-
ment, à peine de Prifon, même d'être procedé contr'eux extraordinairement, comme Perturbateurs du repos public, fuivant
l'exigence des cas.

Défendons aux Proprietaires ou principaux Locataires des
Maifons des Ponts au Change & de Notre-Dame, qui ont des
portes de communication audit Quai, d'y introduire & procurer entrée à aucune perfonne après la fermeture qui en fera faite, à peine de Cent livres d'amende, & de plus grande peine
s'il y échéoit.

Défendons pareillement au Portier dudit Quai, à peine de
Prifon & de deftitution de fon Pofte, de l'ouvrir & d'y laiffer
entrer aucune perfonne n'y ayant pas leurs domiciles, quand
même ils demanderoient quelques Habitans dudit Quai, fans
au préalable en avoir averti la perfonne demandée, & avoir
obtenu fon aveu.

Mandons au Commiffaire Hubert de tenir la main à l'execution de notre prefente Ordonnance, qui fera lûë, publiée &
affichée aux quatre Portes du Quai de Gefvres, & par tout ail-
leurs où befoin fera, à ce que perfonne n'en ignore.

Ce fut fait & donné par Nous RENE' HERAULT,
Chevalier Seigneur de Fontaine-Labbé, Confeiller du Roy en
fes Confeils d'Eftat & Privé, Confeiller d'Honneur en fon Grand

Confeil, Maître des Requeftes Ordinaire de Hôtel, fon Lieutenant General de Police de la Ville, Prevôté & Vicomté de Paris, le feize Septembre mil fept cens vingt-fept.

Signé, HERAULT.

MOREAU.

CAILLET, *Greffier*.

*L'Ordonnance ci-deffus a été lûë & publiée à haute & intelligi-
ble voix, à fon de Trompe & Cry public, en tous les lieux ordinai-
res & accoûtumés, par moi Aimé Richard Girault, Huiffier à Cheval au Châtelet de Paris, commis à l'exercice de la Charge de Juré
Crieur ordinaire du Roy, de la Ville, Prevôté & Vicomté de Paris,
y demeurant Place Baudoyer, Paroiffe faint Gervais, accompagné
de Loüis Ambezar & Claude Craponne, Jurés Trompette, & Loüis-
François Ambezard, Commis Trompette, le 24. Septembre 1727.
à ce que perfonne n'en prétende caufe d'ignorance, & affichée ledit
jour efdits lieux. Signé, GIRAULT.*

Du premier Juillet mil fept cens vingt-huit, huit heures du matin.

LES Propriétaires occupans & principaux Locataires des
Maifons du Quai de Gefvres, comprifes dans la fermeture
d'icelui, dénommés dans le Procès verbal par Nous fait le vingt-
fix Mai mil fept cens vingt-fept, ou ceux qui leur ont fuccedé,
convoqués & affemblés pardevant Nous Jean Hubert, Confeiller du Roy, Commiffaire Enquefteur Examinateur au Châtelet
de Paris, ancien Prépofé pour la Police au Quartier Saint Jacques de la Boucherie, en notre Hôtel, en vertu de l'Ordonnance de Monfieur le Lieutenant General de Police, Commiffaire
du Confeil en cette partie, du vingt-huit dudit mois de Mai, pour
l'Election d'un nouveau Syndic au lieu & place du Sieur Philippe Vereulx, dont l'année eft expirée : Après lecture de notredit Procès verbal & de ladite Ordonnance, NOUS AVONS
en leur préfence, fur autant de petits carrés de papier d'égales
grandeurs qu'il y a de Propriétaires occupans & principaux Locataires, écrit le nom de chacun, à l'exception de celui dudit
Sieur Vereulx ancien Syndic, & enfuite plié tous lefdits carrés uniformément, & iceux mis dans un Chapeau, & après les
avoir bien mêlés, en avons en leur préfence tiré un fur lequel
s'eft

s'eſt trouvé écrit le nom du Sieur Pierre de Bure, Marchand, Mercier, demeurant ſuſdit Quai, à l'Image Notre-Dame, qui au moyen de ce a été par Nous élû Syndic au lieu & place dudit Sieur Vereulx, pour en commencer l'exercice de ce jour-d'hui & pendant l'année de ſon Syndicat, qui expirera le dernier Juin mil ſept cens viingt-neuf; faire obſerver avec exactitude le bon ordre & la Diſcipline preſcrite par les Ordonnances des vingt-huit Mai & ſeize Septembre mil ſept cens vingt-ſept, lequel preſent a accepté ladite Charge, & pour ſon entiere inſtruction, lui avons donné des Imprimés deſdites Ordonnances, & lui a à l'inſtant ledit Sieur Philippe Vereulx remis les Clefs des Portes dudit Quai au nombre de cinq, dont il s'eſt chargé; au moyen de quoi nous avons déchargé ledit Sieur Vereulx d'icelles : & comme par ladite Ordonnance du vingt-huit Mai mil ſept cens vingt ſept, il eſt porté qu'à l'inſtant de l'Election, le Syndic ſortant repreſentera l'Etat de ce qu'il aura reçû & les Quittances de ce qu'il aura payé, tant au Portier pour ſes Appointemens, que pour l'entretien des Portes dudit Quai; & au cas qu'il lui reſte des deniers entre les mains, il les remettra au nouveau Syndic, dont ſera fait mention par le Procès verbal de ladite Election, qui operera ſa décharge. Ledit Sieur Vereulx pour ſatisfaire à ladite Ordonnance, a repreſenté l'Etat de ce qu'il a reçû, montant à Deux cens quarante-quatre livres, & les Quittances de ce qu'il a payé, tant au Portier pour ſes Appointemens, entretien des Portes, qu'autres dépenſes neceſſaires, qui ſe ſont trouvés monter à Deux cens ſoixante-dix ſept livres ſix ſols neuf deniers; en ſorte qu'au lieu par lui d'avoir des deniers de reſte de ſa recette, il eſt en ava nce & lui eſt dû trente-trois livres ſix ſols neuf deniers, dont il requiert être rembourſé par le nouveau Syndic; & pour le mettre en état de lui faire ce rembourſement, qu'il ſoit par lui prélevé ladite ſomme de trente-trois livres ſix ſols neuf deniers ſur chacun des Proprietaires occupans & principaux Locataires, au pardeſſus de ce qu'ils doivent lui payer, ſuivant notre Procès verbal du vingt-ſix Mai mil ſept cens vingt-ſept, pour les ſix mois, & par avance à compter de ce jourd'hui, en ſorte qu'au lieu de quatre livres qu'ils doivent payer pour leſdits ſix mois & par avance, ils payeront pour leſdits premiers ſix mois, au pardeſſus, pour remplir ladite ſomme de trente-trois livres ſix ſols neuf deniers, ce qui a été conſenti

C

par tous lesdits Proprétaires occupans & principaux Locataires; & ont signé en notre Minute. *Signé*, HUBERT.

Proprietaires & principaux Locataires presens à l'Election.

1. Estienne Laurent Menedrieux, Doyen.
2. Philippe Vereulx, Syndic sortant.
3. Germain Dezeustre.
4. Antoine Picard.
5. Pierre Prault.
6. Estienne Yard.
7. Joseph Agard.
8. Melon Devaux.
9. Claude-Ignace Dufour.
10. Charles Delafond.
11. Pierre Bouteville.
12. Estienne Goulet.
13. Pierre Delaunay.
14. Gilles Picard.
15. André Tremblain.
16. Pierre Debur, Syndic.
17. Marin De Pille.
18. Jean-Loüis Jacquemarc.
19. Jean-Baptiste Reinders.
20. Le Sieur Senechal.
21. Le Sieur Jourdan.

www.ingramcontent.com/pod-product-compliance
Lightning Source LLC
LaVergne TN
LVHW021454060726
842527LV00006B/2224